아르캉젤리크

Georges Bataille

L'Archangélique

조르주 바타유
아르캉젤리크
권지현 옮김

미행

바타유 시집

일러두기
- 이 책은 조르주 바타유가 생전에 출간한 시집 *L'Archangélique* (1944)와 그의 다른 저서에 있는 시를 한데 엮은 것으로, 바타유의 시를 대부분 수록하였다. 또한 1942-1945년경에 씌어진 시와 산문 *La Tombe de Louis XXX*도 함께 수록하였다.
- 주는 모두 옮긴이의 주이다.
- 원전의 이탤릭체는 볼드체로, 대문자는 고딕체로 표시했다.

차례

아르캉젤리크
무덤 11
여명 26
공허 45

무신학 전서
『내적 체험』에 수록된 시들 51
『죄인』에 수록된 시들 59
『니체에 관하여』에 수록된 시들 62

행운을 구하는 기도
행운을 구하는 기도 73
불화 75
밤은 나의 나체이다 77
조금 더 뒤에 80
분화하지 않은 존재는 아무것도 아니다 82
제목이 없는 다른 시들 87

아세팔

「고통」과 네 편의 시	95
내 남근을 댄다…	99
오 해골이여…	101
『아르캉젤리크』에서 제외된 열한 편의 시	102
제외된 시들	108
늑대가 탄식한다…	125
에로틱한 시들	126
코리페아	142
1957년의 다섯 편의 시	143
회한의 부재	148
아세팔	150

루이 30세의 무덤

루이 30세의 무덤	153
오라토리오	155
책	157
명상	158

편집 후기	163

아르캉젤리크

아르캉젤리크(archangélique)는 '대천사의', '대천사와 같은'을 뜻한다.

무덤

1

범죄적 무한
균열 간 무한의 단지
끝없는 폐허

나를 짓누르는 무기력한 무한
나는 무기력하다
우주가 범인이나

날개 달린 광기 나의 광기가
무한에 상처 주고
무한은 나에게 상처 준다

나는 혼자다
눈먼 자들은 이 글을
끝없는 터널로 읽을 것이다

나는 무한으로 추락하고
무한은 자신 안으로 추락한다
무한은 나의 죽음보다 더 암흑이다

태양은 까맣다
존재의 아름다움은 지하실 바닥
최종적 밤의 함성

빛에서 빛을 얼어붙게 하는
오한을 사랑하는 그것은
밤의 욕망이다

나는 거짓을 말하고
나의 횡설수설 거짓말에
우주는 못 박힌다

무한
그리고 나
서로의 거짓말을 고발하자

신리는 죽고
나는 외친다
진리는 죽었다고

다정함을 가장한 나의 머리
열에 지친 머리
진리는 자살한다

비非사랑이 진리이다
모두가 사랑의 부재 속에서 거짓말한다
거짓을 말하지 않는 것이 없다

비사랑에 비하면
사랑은 비겁하고
사랑하지 않는다

사랑은 비사랑의 패러디다
진리는 거짓의 패러디다
우주는 즐거운 자살이다

비사랑 속에서
무한은 당황하며
자신 안으로 추락한다

다른 사람들에게는 모든 것이 평안하다
세상은 조용한 단조로움 속에서
위엄차게 돌아간다

우주는 내 안에 있다 우주가 우주 안에 있듯이
나를 우주에서 떼어낼 것은 더 이상 아무것도 없다
나는 내 안에서 우주와 부딪친다

끝없는 고요 속에서
법칙들의 사슬에 얽매여
우주는 불가능 속으로 웅장하게 흘러간다

제자리를 맴도는 세상은
끔찍하다
욕망의 대상은 더 멀리 있다

인간의 영광은
워낙 위대해서
다른 영광을 원한다

나는 있다
세상이 나와 함께 있다
가능 밖으로 밀려

나는 웃음과
무한이 추락한
유치한 밤일 뿐이다

나는 죽은 자이다
눈먼 자
표정 없는 그림자

바다로 이어지는 하천처럼
내 안에서 소음과 빛이
끝없이 흩어진다

나는 아버지
하늘의
무덤

암흑의 과잉은
별의 섬광
무덤의 차가움은 주사위

죽음은 주사위를 가지고 놀았다
하늘의 바닥은
내 안으로 추락한 밤을 기뻐한다

2

시간이 숨 막히게 한다 나는 넘어져서
무릎으로 긴다
손으로 밤을 더듬는다

빛의 강이여 이제 안녕
나에게 남는 것은 그림자
찌꺼기 피

종소리를 기다린다
종소리 속에서 나는 외치며
그림자 속으로 들어가겠다

3

내 입술 위에 놓인 긴 맨발
심장에 댄 긴 발
너는 나의 갈증 나의 열

위스키의 발
와인의 발
넘어뜨리려는 데 열광한 미친 발

오 나의 채찍 나의 아픔
높은 굽이 나를 쓰러뜨리니
죽지 않아서 나는 운다

오 갈증
달랠 수 없는 갈증
출구 없는 사막

갑자기 몰아치는 죽음의 광풍 나는
눈알 빠진 장님이 되어
무릎 꿇고 외친다

몰지각한 밤을 내가 비웃고 있는 복도
문 닫히는 소리에 내가 웃고 있는 복도
내가 화살표를 사랑하는 복도

그리고 울음이 터진다
죽음의 나팔 소리가
내 귓가에 울려 퍼진다

4

내 죽음 너머로
어느 날
땅이 하늘에서 돈다

나는 죽었고
암흑과
낮이 끝없이 바뀐다

우주는 나에게 닫혀 있다
그곳에서 나는 무_無와 일치되어
눈멀어 있다

무無는 오직 나일 뿐이다
우주는 오직 내 무덤일 뿐이다
태양은 오직 죽음일 뿐이다

내 눈은 눈먼 벼락이다
내 심장은 폭풍우 몰아치는
하늘이다

내 안에서
심연의 밑바닥에서
무한한 우주는 죽음이다

나는 열기
욕망이다
나는 목마름이다

옷을 벗기는 기쁨
옷이 벗겨져서
웃음이 나게 하는 와인

파티의 밤
진 글라스에
별이 하늘에서 떨어진다

나는 긴 선을 그리는 벼락을 마신다
나는 번개를 보며 웃을 것이다
내 안에 벼락을 담고서

여명

피를 뱉어라
그것은 이슬
내가 죽을 검이다

우물가에서
투명한 눈물로
별이 빛나는 하늘을 보라

나는 별 안에서 너를 찾는다
나는 죽음 안에서 너를 찾는다
너는 내 입안의 얼음이다
너는 죽은 여자 냄새가 난다

네 가슴은 관처럼 열리고
저세상에서 나를 비웃는다
네 긴 두 허벅지가 흥분한다
네 배는 거친 숨결처럼 발가벗었다

너는 두려움처럼 아름답다
너는 죽은 여자처럼 미쳤다

불행은 형언할 수 없고
심장은 찡그림이다

우유 안에서 돌고 있는 것
죽음의 미친 웃음

별 하나가 떴다
너는 있다 나는 공허다
별 하나가 떴다
심장만큼 고통스러운

눈물만큼 반짝이는
너는 휘파람을 분다 그것은 죽음이다
별이 하늘 가득 뜬다
눈물만큼 고통스러운

네가 사랑하지 않는 걸 나는 안다
하지만 죽음처럼 날카롭게
떠오르는 별은
심장을 조이고 비튼다

나는 저주받았다
이 밤은 참 길구나
눈물 없는 나의 긴 밤

사랑에 인색한 밤
오 부서진 돌심장
재가 된 내 입술의 지옥

너는 눈물의 죽음
저주받아라
저주받은 내 심장 내 병든 눈이 너를 찾는다

너는 공허요 재
밤을 날갯짓하는 머리 없는 새
우주는 너의 보잘것없는 희망으로 만들어졌다

우주는 네 병든 심장이요
희망의 묘지에서

죽을 듯 뛰는 내 심장이다

내 고통은 기쁨
재이고 불이다

증오의 이빨
너는 저주받았다
저주받은 자는 대가를 치르리니

너는 네 몫의 증오에 대한 대가를 치를 것이다
참혹한 태양을 너는 물어뜯을 것이다
저주받은 자는 하늘을 물어뜯을지니

공포가 사랑하는 네 심장을
권태로 목 졸리는 네 존재를
나와 함께 너는 찢을 것이다

너는 태양의 친구다
태양은 너에게 휴식이 되지 못한다
네 피로는 나의 광기다

머릿속에 똥이 든 나는
폭발한다 하늘을 증오한다
내가 뭐라고 하늘에 침을 뱉는가
하늘은 광활해서 쓸쓸하다
내 눈은 살찐 돼지이다
내 심장은 검은 잉크이다
내 성기는 죽은 태양이다

밑 없는 구덩이에 떨어진 별들
나는 눈물을 흘리고 내 혀는 녹아내린다
광활함이 둥글고
밀기울로 만든 바구니에서 구르는 것은 중요하지 않다
나는 죽음을 사랑한다 나는
성부聖父의 도살장으로 죽음을 초대한다

너 나의 양식 검은 죽음이여
나는 널 마음으로 먹는다
격한 공포는 나의 감미로움
광기는 나의 손안에 있다.

죽은 말의 이빨로
교수형에 처해진 자 밧줄 묶기.

물의 부드러움
바람의 맹렬함

별이 짓는 반짝이는 웃음 조각
아름다운 태양의 아침

내가 꿈꾸지 않는 것은 없다
내가 외치지 않는 것은 없다

눈물 죽음보다 더 멀리
하늘의 바닥보다 더 높이

네 젖가슴 사이에서

머리에서 발끝까지 투명한
여명처럼 부서질 듯한
바람이 심장을 부쉈다

불안의 혹독함이 깃드는
검은 밤은 교회이다
돼지 멱을 따는

머리에서 발끝까지 떠는
죽음처럼 부서질 듯한
나의 누이 단말마

너는 땅보다 차갑구나

너는 행복이 죽는 것을 깨닫고
행복을 알아볼 것이다

너의 잠과 너의 부재는
무덤까지 동행한다

너는 내 갈비뼈 밑에서 들리는
심장의 박동
멈춘 숨이다

네 무릎 위 나의 오열
나는 밤을 흔들 것이다

평원 위 날개 그림자
길 잃은 어린아이 같은 나의 심장

웃는 누이 너는 죽음이다
나약해진 심장 너는 죽음이다
나의 품에서 너는 죽음이다

우리는 마셨다 너는 죽음이다
바람처럼 너는 죽음이다
번개처럼 죽음이다

죽음이 웃는다 죽음은 기쁨이다

너만이 나의 생명
길 잃은 오열은
죽음과 나를 갈라놓는다
나는 눈물 너머로 너를 본다
그리고 내 죽음을 짐작한다

내가 죽음을 사랑하지 않는다면
고통
그리고 너에 대한 갈망이
나를 죽일 것이다

너의 부재
너의 고통에
난 토할 것 같다
내가 죽음을 사랑할 시간
죽음의 손을 물어뜯을 시간

사랑하는 것은 죽어가는 것이다
사랑하는 것은 죽음을 사랑하는 것이다
죽어가는 원숭이들은 악취가 난다

나는 죽음을 진정 바란다
그러기에 나는 너무 나약하다
나는 진정 피곤하다

나는 미친것처럼 너를 진정 사랑한다
내 자신이 우습다
하늘의 별들에 걸린 까만 당나귀

관 뚜껑 밑 거인인 너
벌거벗고 웃음을 터뜨렸다
나는 존재하지 않기 위해 긴다

나는 너로 인해 죽기를 바란다
나는 네 병적인 변덕 속에서

사라지기를 바란다

공허

화염이 우리를 둘러쌌다
발밑에서 심연이 갈라졌다
뼈의 하얀 침묵이
우리를 후광으로 감쌌다

너는 변화한 여자이다
내 운명은 너를 막았다
네 심장은 딸꾹질한다
네 손톱들은 공허를 찾았다

너는 웃음처럼 말한다
바람은 네 머리카락을 일으켜 세운다
불안이 심장을 옥죄고
네 조롱을 재촉한다

내 머리를 괸 네 두 손은
죽음만을 붙든다
네 웃음 띤 입맞춤은

내 지옥 같은 가난으로 열릴 뿐이다

박쥐가 매달린
불결한 관 뚜껑 아래
네 황홀한 나체는
눈물 없는 거짓에 불과하다

네가 오지 않는 사막에서
내 외침이 네 이름을 부른다
네 꿈이 이뤄질 사막에서
내 외침이 네 이름을 부른다

내 입술에 봉인된 네 입술
내 이 사이에 갇힌 네 혀
거대한 죽음이 너를 영접하리라
거대한 밤이 내려앉으리라

그때 나는 아무 생각도 하지 않을 것이다
네 버려진 머릿속에서
네 부재는 벌거벗을 것이다
아랫도리를 입지 않은 다리처럼

빛이 꺼질
재앙을 기다리면서
나는 네 마음속에서
차가운 죽음처럼 감미로울 것이다

무신학 전서

'무신학 전서(La Somme Athéologique)'는 토마스 아퀴나스의 『신학 대전 (Summa Theologiae)』에서 따온 제목이다. 바타유는 미완성으로 남은 '무신학 전서'에서 신이 없는 기도와 대상 없는 기원의 체험에 대해 다루고자 했다.

『내적 체험(L'Expérience intérieure)』(1943)에 수록된 시들

나는 더 이상 원하지 않는다, 난 신음한다,
나는 더 이상 감당할 수 없다
나의 감옥을.
씁쓸하게 난
이 말을 한다.
나를 질식시키는 말들,
나를 내버려둬,
나를 놔줘,
나는 다른 것에
목말라.
난 죽음을 원해
허락되지 않기를
이 말들의 지배,
두려움 없는
연속을,
갈구하고 싶은
두려움처럼
아무것도 아니다

나라는 존재는,
그렇지 않다면
있는 그대로를
비겁하게 받아들인다.
나는 증오한다
이 도구적 삶을
나는 균열을 찾는다,
나의 균열,
부서지기 위해.
나는 비를 사랑한다,
벼락을,
진흙을,
어느 넓은 바다를,
땅속을,
하지만 나는 사랑하지 않는다.
땅속에서,
오 나의 무덤,
내게서 나를 해방하라,
나는 더 이상 나이고 싶지 않다.

눈물 흘리는 망령
오 죽은 신이여
휑한 눈
젖은 턱수염
한 개뿐인 이
오 죽은 신이여
오 죽은 신이여
나는
알 수 없는
증오로
당신을 뒤좇았다
그리고 증오로 죽어갔다
마치 흩어지는
구름처럼.

저 높은 곳에 나의 영광

하늘 높은 곳,
나의 영광을 찬미하는, 천사들의 목소리.
태양 아래, 나는 작고 검은,
길 잃은 개미, 둥근 돌이
나에게 다가와,
나를 으스러뜨린다.
죽어서,
하늘에서
태양은 작열하고,
눈이 부시다,
나는 외친다.
"감히 못할걸"
감히 한다.

나는 누구인가
나는 "아니다" 아니 아니지
나는
사막 밤 광활함이다
무엇인가
사막 광활함 밤 짐승은
돌아오지 않고 재빨리 허무가 되는
그리고 무엇도 알지 못하고
죽음
즉답
태양의 꿈이 뚝뚝 흐르는
스펀지
나를 무너뜨려라
이 눈물밖에
모르도록.

별
나는 별을 좇는다
오 죽음
천둥의 별
내 죽음의 미친 종鍾.

용감하지 못한
시들
그러나 감미로움
환희의 귀
암양의 교성
저세상으로 가라 저세상으로
꺼진 햇불.

신

뜨거운 손으로
나는 죽는다 너는 죽는다
그는 어디에 있는가
나는 어디에 있는가
진짜로
나는 죽었다
죽고 죽었다
칠흑 같은 밤
그에게
쏜 화살.

『죄인(Le Coupable)』(1944)에 수록된 시들

너무 많은 날 너무 많은 기쁨 너무 많은 하늘
너무 광활한 땅 날쌘 말
나는 물소리를 듣는다 나는 낮을 애도한다

내 속눈썹 안에 땅이 돈다
내 뼈 안에 돌들이 구른다
아네모네 반딧불이
나를 약하게 한다

장미 수의 속에서
작열하는 눈물이
아침을 알린다.

천둥의 부재
눈물 흘리는 영원한 바다
그리고 나 행복한 파리
그리고 나 잘린 손
나는 이불을 적셨고
나는 과거였고
눈먼 별은 죽어버렸다

노란 개
개가 거기에 있다
알처럼 울부짖고
내 심장을 토하는
공포
손의 부재 속에서
나는 비명을 지른다

나는 하늘에 외친다
귀를 찢는 천둥소리가 날 때

비명을 지르는 것은 내가 아니라고
죽는 것은 내가 아니라고
그건 별이 뜬 하늘이라고
별이 뜬 하늘이 비명을 지른다고
별이 뜬 하늘이 운다고
내가 잠에 취해 쓰러지면
세상은 저절로 지워진다

나를 태양에 묻고
내 사랑을 묻고
태양 아래서 벌거벗은
내 여자를 묻어라
내 입맞춤
내 흰 침을 묻어라.

『니체에 관하여(Sur Nietzsche)』(1945)에 수록된 시들

별칭(꼬챙이)으로 가리키는 상태를 묵상의 형식으로 몇 자 적는다.

나는 떠올린다. 매력적인 물건,
스스로 타올라
자멸하는
그렇게 공허를 드러내는,
밝고 가벼운
불꽃,
취하게 하는
매력
그리고 공허의 정체

나는 떠올린다,
불꽃과 같은
공허
취하게 하고
빛이 나는

불꽃을 보여주는
사물의 삭제.

나는 광분해서
외친다
희망을 더 가진다는 것은
무엇인가

내 마음 안에는
죽은 쥐가 숨어 있다

쥐는 죽는다
쥐는 사냥감으로 내몰렸다

내 손에서 세상은 죽었다
잠자리에 들기 전에
꺼진 낡은 초

질병 세상의 죽음
나는 질병이다
나는 세상의 죽음이다.

마음속 침묵
거친 바람이 불어와
내 관자놀이는 죽음을 뛴다
별 하나
서 있는 내 골격에 떨어진다

검은
침묵 나는 하늘을 뒤덮는다
내 검은 입우 내 검은
팔이다
검은
불길에 휩싸인 벽에 쓰다
무덤 속 빈 바람이
내 머릿속에 분다.

발걸음 미친 침묵
딸꾹질 침묵
땅은 어디 하늘은 어디인가

길 잃은 하늘
난 미쳐간다.

난 세상을 잃고 죽는다
난 세상을 잊고 세상을 묻는다
내 뼈의 무덤에.

오 해골처럼
텅 빈 나의 눈이여.

희망
오 나의 목마여
암흑 속의 거인
내가 바로 목마를 탄
저 거인이다.

별이 뜬 하늘
나의 누이
저주받은 자들
별이여 너는 죽음이다
혹독한 추위의 빛

벼락의 고독
도래하는 인간의 부재
나는 기억을 비운다
불모의 태양이
이름을 지운다

나는 별을 본다
침묵하는 별은 얼어붙게 한다
침묵은 늑대처럼 운다
나는 뒤로 넘어진다
별이 나를 죽이고 나는 별을 추측한다.

오 무덤 바닥에서
가녀린 밤의 손가락 사이로
던져진 주사위여

태양 새의 주사위
취한 종달새의 띔
밤에서 태어난
화살 같은 나

오 뼈의 투명함이여
태양에 취한 나의 심장은
밤의 손잡이다.

행운을 구하는 기도

행운을 구하는 기도

오레스테이아
하늘의 이슬
삶의 풍적風笛

거미들의 밤
무수한 강박
비정한 눈물의 유희
오 태양 내 안의 칼날

쉬어라 내 뼈를 따라
쉬어라 너 번개여
쉬어라 독사여
쉬어라 내 심장이여

네 암살자의 머리를 바람에 맡겨라

* 오레스테이아는 고대 그리스의 비극 시인 아이스킬로스의 비극 3부작을 일컫는다. 주인공 오레스테스에서 그 이름이 유래한 것으로 '오레스테이아'는 '오레스테스 이야기'라는 의미이다.

★

행운 오 창백한 신
번개의 웃음
마음속 천둥 치는
보이지 않는 태양
귀청 찢는
뼈의 찢긴 상처

벌거벗은 행운
흰 롱 스타킹을 신은 행운
레이스 셔츠를 입은 행운

★

정신없이
묶인 뼈들
내 심장은 차갑다
내 혀는 무겁다

불화

집 천 채가 무너진다
백 그리고 천 명의 죽음들
하늘의 창에서.

갈린 배
없어진 머리
긴 구름의 그림자
광활한 하늘의 모습들.

더 높이
어두운 하늘 꼭대기보다
더 높이
미친 구멍에서
한 줄기 희미한 빛은
죽음의 후광이다.

차가운 심장 김이 피어오르는 수프
피로 얼룩진 발

눈물의 콧수염
죽어가는 자의 날카로운 숨.

밤의 불꽃
톱에 잘린 다리
뇌와 맨발
추위 고름 구름
뇌가 피를 흘린다.

나는 피가 허기지다
피가 흐르는 땅이 허기지다
분노에 허기진 물고기가 허기지다
추위에 허기진 쓰레기가 허기지다.

나는 사랑으로 탄다
내 입속 천 개의 초
내 머릿속 천 개의 별

내 팔이 그림자 속으로 사라진다
내 심장은 바닥으로 떨어진다
죽음의 인공호흡.

밤은 나의 나체이다

밤은 나의 나체이다
별은 나의 이빨이다
나는 흰 태양을 입고
죽은 자들에게 몸을 던진다.

★

죽음이 과부처럼
내 심장에 산다
그녀는 오열한다 그녀는 비겁하다
나는 두렵다 토할지도 모른다
과부가 하늘 끝까지 웃고
새 떼를 찢는다.

★

나는 끝이 보이지 않는 심연에서
내가 보는 하늘과 다른

불모의 땅을
상상한다
흔들리는 저 별빛은 없고
하늘보다 크고
새벽보다 눈부신
화염의 급류가 있는 곳
균열의 테를 두른
무형의 추상
부질없는 망각의
축적
한쪽은 주체인 나
다른 한쪽은 대상인
우주
죽은 개념들로 빚은
내가 울면서 쓰레기
불능
딸꾹질
상념의 수탉 울음이 내는 불협화음을 버리는 곳
오 틀니 상자처럼
무한한 허영의 공장에서
제작된 무^{無}
그 상자 위에 올라탄 나

나는
살아서 토하고 싶다
오 나의 파산
나를 잠재우는 황홀경
내가 외칠 때
네가 될 너
내가 다시는 없을 때
귀먹은 X
내 밤의 머리를 깨부수는
육중한 망치.

조금 더 뒤에

글을 쓴다는 건 행운을 구하는 것이다.

행운은 우주의 가장 작은 부분을 살아나게 한다. 별들의 반짝임도 행운의 힘이고, 들판의 꽃 한 송이도 행운이 부리는 마술이다.

삶의 온기는 나를 떠났다. 욕망은 더 이상 대상이 없었다. 나의 아프고, 가혹한 손가락은 언제나 행운의 천을 짜고 있었다.

그토록 불행한 불안을 행운에게 주며, 나는 모자란 실 한 가닥을 가져다주는 느낌이었다.

나는 행복하게 행운의 장난감이 되었다. 나는 행운의 것이었다. 그건 나의 불행이라는 안개 속에 나타난 태양이었다.

행운을 잃어버렸지만 말의 비밀을 알게 된 나는 행운과

나 사이에 글쓰기의 관계를 유지한다.

  이 책의 슬픔 속에 행운의 끝이 가려져 있다. 이 책이 없으면 행운에 닿을 수 없다.

---

* 이 시는 『작은 것(Le Petit)』(1943)에 수록돼 있다. 한편 『작은 것』은 실제 출간된 1943년이 아닌 1934년이 판권에 기록돼 있다. 1934년은 바타유가 옛 연인 로르와 사귄 해로, 그녀를 추억하는 장치로 보인다. 로르는 1938년 세상을 떠난다.

분화하지 않은 존재는 아무것도 아니다

1

죽음의
펠트
모자
서리
명랑한
오열을 하는
누이

바다의
힘과
빛의 창백함이
뼈를 숨길 것이다

죽음의
부재가
웃는다.

2

범죄의
육신은
그 범죄의
심장이다.

3

맛의 법칙은
음란의 탑을
포위한다.

4

시의
술은
죽은
침묵.

5

코로
거미줄 같은 하늘을
토했다
나의 작아진 관자놀이는
하늘을 다 줄였다
나는 죽었다
그리고 백합은
증류수를 증발시킨다

단어가 모자라다

그리고 나도 모자라다.

6

   시의 단어들, 그 단어들의 저항, 그들의 숫자, 그들의 무의미, 가늠할 수 없는 순간을 마음에 간직한다. 죽은 여자의 입술에 천천히 내리누른 입맞춤, 그들은 더 이상 존재하지 않는 것의 숨을 멈춘다.

사랑받는 존재의 투명함, 기적 같은 무관심, 방황하는 것, 빛의 무수한 수정 속에서 잃어버린 것. 더 이상 생각하지 않기.

7

번개는 죽인다
눈을 뒤집는다
기쁨은
기쁨을
지운다

지워진
얼어버린
죽음의 창
오 만들어지는 그늘 속에서
깨지는 광채로
빛나는
창이여

나는
존재하지 않는 존재이다
나는 연다

죽은 자들의
뒤섞인 이와
나를 감싸서
취하게 하고
물로
숨 막히고
죽은 공기와
망각의 영혼에
눈물 흘리는
빛의 슬픔을

하지만 아무것도
아무것도 나는
보지 못한다
나는 더 이상 웃지 않는다
웃으면
땀이 났기 때문이다

제목이 없는 다른 시들

눈동자 속의 장화까지
진흙의 눈물까지
곪아서 부은 손까지
도전의 길이 이어진다

표정 없는 죽음이 내쉬는
무덤에서의 길고 거친 숨결
희망의 부재는
하늘의 별에서 태어난다.

* 이 시에는 씌어진 시기로 짐작되는 메모가 있다. 1943년 11월.

샹젤리제에서
천국에 대해 논하려고
랭부르와 만나자고 약속했다

나는 천국이
고양이라고 말했다

다른 사람은 천국이
고양이 두 마리라고 했다

또 다른 사람은
천국이 군중보다 두꺼운
혀라 했다.

* 이 시는 프랑스어가 아닌 영어로 씌어졌다.

나는 기묘한 늪의 마법에서 풀려난 가장자리에서
세상의 슬픔을 건드리기를 꿈꿨다
나는 너의 깊은 입의 방황하는 길을
다시 찾을 수 있을 무거운 물을 꿈꿨다

나는 내 손에서
섬뜩한 숲의 밤을 피한 불결한 동물을 느꼈다
그리고 나는 내가 웃으며 세상의 슬픔이라고 부르는
악 때문에 네가 죽는 것을 본다

광적인 빛 천둥의 섬광
너의 긴 나체를 해방시키는 웃음
거대한 광채가 마침내 나를 밝혔다

그리고 나는 너의 고통을 본다
한밤에 길고 선명한 형태와
네 무한성의 무덤이 외치는 비명을 내뿜는 자비로

나는 죽을 때
네가 준 물건을 쥐고 싶다
언 손에 그 물건을 꼭 쥐고 싶다
그리고 입술로 그것에
단말마의 침을 묻히고 싶다.

나의 피땀을 입은
노인처럼 산발을 한 유령
바람이 네 이를 얼게 하리라
그러면 나는 그 이에 입맞추리라
너는 죽으리라.

밤의 심오함이
큰 별 도살장에
먼지의 수의를 입힌다
. . . .
하늘의 젖.

아세팔

「고통」과 네 편의 시

고통

고통
고통
고통
오 고통이여
오 고통이여
오 내 송진 눈물이여
내 사프란 꼬리여

오 바지를 벗자
오줌을 싸자

내 마음을 앗아간 여인

레이스 아래 나체로
입에 향수를 뿌리고

내 마음을 앗아간 여인의
다리 사이로 오줌이 흐른다

갈라진 틈에서 풍기는 화장기 있는 냄새가
하늘의 바람에 몸을 맡긴다

머릿속에
구름 한 점
거꾸로 비친다
황홀한 별 하나가
떨어진다
입처럼 고함치는 심장

심장이 없다
백합 한 송이 불타오른다
태양이 목구멍을 벌린다.

오줌

별을 먹는 까치
흙을 먹는 피로
모든 것의 고갈

탐욕스러운 하늘
저주받은 하늘
병원의 신봉자

장대에 앉은 까마귀 한 마리
눈에 들어온다

빨간 화염의 심장
내 벗은 허벅지 위의 오줌
젖어서 번들거리는 엉덩이
나는 발기하고 운다

무덤의 검은 날개
지하 무덤의 예의.

로마식

로마식
송아지의 심장
뾰족한 턱수염
선홍빛 귀두.

웃음

태양
쐐기풀
자갈
오리
비
교황의 오줌
엄마
똥이 가득한 관의
웃음과 웃음.

내 남근을 댄다…

네 볼에 내 남근을 댄다
끝이 네 귀에 스친다
내 음낭을 천천히 핥아라
네 혀는 물처럼 부드럽다

네 혀는 푸줏간 여주인처럼 날것이다
네 혀는 넓적다리 고기처럼 붉다
혀끝은 비명을 지르는 뻐꾸기다
내 남근이 오열하며 침을 흘린다

네 엉덩이는 나의 여신이다
네 엉덩이는 네 입처럼 벌어진다
나는 네 엉덩이를 하늘처럼 숭배한다
나는 네 엉덩이를 불처럼 경배한다

나는 네 벌어진 곳에서 마신다
나는 네 벗은 다리를 늘어놓는다
나는 네 다리를 책처럼 펼친다

그곳에서 나를 죽이는 것을 읽는다.

오 해골이여 …

오 해골이여 빈 밤의 항문이여
죽는 것을 하늘은 날려보낸다
바람은 암흑에 부재를 실어다준다

빈 하늘은 존재를 변질시킨다
관들의 빈 목소리 무거운 혀
존재가 존재에 부딪힌다
머리는 존재를 빼앗는다
존재의 질병은 검은 태양의 가래침을 토한다

털이 난 물 위로
들어 올린 셔츠
더러운 행복이 상추를 핥을 때
비에 아픈 심장
침의 흔들리는 빛에 그녀는 문득 천진하게 웃는다.

『아르캉젤리크』에서 제외된 열한 편의 시

나의 광기 나의 두려움은
죽은 큰 눈을 가졌다
들뜬 열의 응시

그 눈이 보는 것은
우주의 무無다
내 눈은 눈먼 하늘이다

나의 침투될 수 없는 밤에
명백한 불가능이 존재한다
모든 게 무너진다

★

검은 세제의 예언
털이 수북한 시인의 불멸
시 비만의 묘지

음탕한 과일이여 안녕
벌거벗은 여인으로 치장한 감미로운 죽은 자들이여
거짓말 잠이여 안녕

★

끝없는 가려움 멈춤
종이들의 분류 먼지 콧수염
열의 마차들

미친 비의 콜로네이드
더러워진 수의의 혀 차는 소리
인간 뼈의 죽음과 같은 추잡스러움

거기에 군중이 가능성의 상자들을 쌓는다
제복을 입은 헌병 하나 지붕 위에서
거짓 악마의 몸짓을 한다

★

나는 바람 속에서 너를 잃는다
나는 죽은 자들 사이에서 너를 찾는다

바람과 심장 사이에서
필연적인 밧줄

⭑

나는 이 세상에서 아무 할 일이 없다
불에 타는 것 말고는
나는 죽을 듯이 너를 사랑한다

네 휴식의 부재
네 머릿속에 미친 바람이 분다
너는 웃느라 앓아누웠다
너는 나를 피해 네 심장을 찢는
씁쓸한 공허로 갔다

네가 원한다면 나를 찢어라
화상 입은 내 눈은 밤 속에서
너를 찾는다.

⭑

심장이 추운 나는 몸을 떤다

고통 깊숙한 곳에서 나는 너를 부른다
마치 출산하듯이
인간 같지 않은 비명을 토하며

너는 죽음처럼 나를 목 조른다
나는 비참하게도 그것을 안다
나는 죽어가면서 너를 찾는다
너는 죽음처럼 아름답다

모든 단어가 나를 목 조른다

★

별이 하늘을 뚫는다
죽음처럼 비명을 지른다
목 조른다
나는 살고 싶지 않다
내 목이 졸리는 건 감미롭다
떠오르는 별은
죽은 여자처럼 차갑다

★

내 눈을 가려라
나는 밤을 사랑한다
내 심장은 까맣다

나를 밤으로 밀어 보내라
모든 것이 거짓이다
나는 고통받는다

세상은 죽음의 냄새를 풍긴다
새들은 퀭한 눈으로 난다
너는 검은 하늘처럼 어둡다

★

축제가 시작될 것이다
진창과 두려움 속에서

별들이 떨어질 것이다
죽음이 가까이 올 때.

★

너는 밤의 공포
나는 불평하듯 너를 사랑한다
너는 죽음처럼 약하다

나는 정신병자처럼 너를 사랑한다
너는 이 머리가 죽었다는 걸 잘 안다
너는 거대함 두려움이다

너는 죽이고 싶을 만큼 아름답다
거대한 심장에 나는 숨 막힌다
너의 배는 밤처럼 벌거벗었다.

★

너는 나를 종국으로 곧장 몰고 간다
단말마가 시작되었다
나는 더 이상 너에게 할 말이 없다
나는 죽은 자들의 집에 대해 말하고
죽은 자들은 말이 없다.

제외된 시들

집

집 천 채가 무너진다
백 그리고 천 명의 죽음들
하늘의 창에서

빈 고통
그림자들의 연속
이 밤은 확장된다 질식시킨다

죽은 자들의 눈이
심장을 쇠락하게 한다
존재 없는 치매
소리 없는 눈먼 머리.

* '제외된 시들'은 1942-1945년경에 씌어진, 출간되지 않은 시들이다.

별들의 구멍과 맞닿은
칠흑 같은 밤과 맞닿은
빛이 꺼진 눈과 맞닿은
큰 침묵과 맞닿은
기억의 망령에 사로잡힌 성城과 맞닿은
미친 여자의 비명과 맞닿은
불안과 맞닿은 무덤과 맞닿은

내 죽음의 새벽과 맞닿은.

납골당

삶의 힘과 추위의 불행
자신의 칼의 법칙을 아는
인간의 가혹한 어리석음
황홀경에 인색한 머리

차가운 심장 김이 피어오르는 수프
피로 얼룩진 발
눈물의 콧수염
죽어가는 자의 날카로운 숨.

벽

도끼
도끼를 다오
벽에 그늘진 내 그림자에
내가 놀라도록
권태
허무
피로,

광장

밤의 모자
밤의 단지
붉은 스타킹 틀니

금빛 주교관主教冠
언 하늘이
높은 곳에 앉은 고양이 허파를 먹는다.

신의
끝없는 얼굴
그 남자와
그의 여자
등등.
나는 그로 인해 죽는다
당신도.

성城

나의 작은 고통들이
밤에 나를 찢어놓았다
매끈한 바위의 정상에서
거대한 폐허로 찢긴 고통들

무너져 내리는 벽이
검은 하늘로 올라간다
무시무시한 탑의
죽은 돌을 들고.

하늘의 흙덩어리
무無의 신호 침묵
잠들게 하는 노란 무성한 풀의 산
존재의 밤으로의 추락

나는 네 그늘에 숨는다
나는 네 태양에 먹는다
내 뼈가 햇빛에
투명하게 비친다

공포심이
서서히 목을 조인다
서서히 심장을 얼린다.

땅

나는 재를 찌꺼기를
단단한 돌의 머리를
그리고 내 삶의 고집스러움을

보랏빛으로 변한 손을
추위 속 웃음을
그리고 이의 붉은 칼을 좋아한다.

신학교

서른 명의 검은 영혼
얼어붙은 턱
서른 마리의 검은 당나귀
털이 빠진 턱

죽은 별이
주여 우리를 불쌍히 여기소서 노래한다
죽은 입이
불쌍한 영혼을 뱉어낸다

당나귀의 하늘이
두려운 비명을 토한다
나의 영혼이
심장의 비명을 내뱉은 곳.

새의 웃음 피의 진창
이가 얼음처럼 부딪는 소리
쓰레기 외침 구토
공포 속에 숙인 고개.

지구는 돈다 돈다 지구는
매춘부들의 나무 탑
붉은 태양 검은 태양
흰 장미 분홍 장미

무덤의 장미
장미의 현기증
무덤의 매춘부
무넘의 현기증.

금이 간 두개골
불이 난 도시

그을린 하늘
털이 난 여자

가죽 벗긴 토끼의
콧물이 흐른다.

가면

기름진 종이 가면을 쓴 죽음
이 지나친 침묵을 피하다
악취를 즐겁게 하다.

성당

겨울의 추위
오 나의 죽어가는 누이여
늑대의 빛 허기의 상처
벌거벗은 심장에 닿은 결빙의 돌

아 무관심의 가래침
아 모든 심장에 욕하는 하늘
아 죽음보다 텅 빈 추위.

늑대가 탄식한다…

늑대가 감미롭게 탄식한다
잠들라 아름다운 영주의 부인
늑대는 아이처럼 울었다
그대는 내 고통을 알지 못한다
늑대는 아이처럼 울었다

부인은 애인을 비웃었다
바람이 키 큰 떡갈나무에서 몸을 떤다
늑대는 피를 쏟으며 눈물을 흘리며 죽었다
늑대의 뼈는 들판에서 말라갔다
늑대는 피를 쏟으며 눈물을 흘리며 죽었다.

… 에로틱한 시들

무의미

나는 내 심장의
바늘을
잠재운다
나는
잃어버린
단어에 운다
나는 죽은
새벽이
입을 다무는
눈물의
가장자리를
연다.

낮

나는 지운다
걸음을
나는 지운다
단어를
공간과
숨이
모자라다.

땅

죽은 자가
산 자를 잡는다

그리고 새는 행진을 끝낸다.

세제

달은
내 목소리
가느다란 관에 박힌
비누.

나는 모피로 된
소 혀에
다리를 벌린다

긴 음경이
내 마음의 성당에 침을 뱉었다.

내 작은 구멍은
화장실이 제단포인
성단

죽은 태양에서 씁쓰름한 정액 한 줄기를
입은 그림자가 빛났다
붉은 눈을 가진 네 혀는 모자를 썼다.

음경처럼 부푼
선홍빛 사랑의 네 목구멍 속 나의 혀.

나의 음부는 나의 도살장
정액에 씻긴 붉은 피
피 속에 헤엄치는 정액.

내 엷은 보랏빛 팔에서 풍기는 사과향
거대한 음경의 판테온
신성한 거리로
열린 암캐의 엉덩이.

내 다리의 털 난 사랑
정액의 판테온

나는 내 목을 조르는
음경을 기다리며
무미한 액체 끈끈한 액체를 기다리며

입 벌리고 잔다.

내 항문을 쑤시는 황홀경은
피로 더럽혀진 딱딱한 음경이다.

음경에 나를 내주기 위해
영혼을 망칠 가운을
입었다.

숲의
새
그리고 숲의
고독.

벼락

몸속에서 대포가 천둥 치고
청동색 눈에서 치는 벼락은
쓰레기의 알몸이다.

고독

음부 속의 손가락
벗은 가슴 위 성합(聖盒)
내 엉덩이가 성단의 성보를 더럽힌다
내 입은 오 예수를
가시면류관의 자비를 간구한다.

흰 밤

숨이 막히다
목소리를 방해하다
죽어가는 혀를 삼키다
소리를 없애다
잠이 들다
면도하다
천진하게 웃다.

검은 밤

너 자신을 비웃듯 네 이웃을 비웃을 것이다

위대한 인간들의 비장에서
거위의 사랑을 끌어내라

망각은 목 졸린 자의 우정이다

실례지만
나는 간다.

조종弔鐘

내 관능의 종 속에서
죽음의 청동이 춤을 춘다
음경의 추가
길고 음탕하게 울린다

대머리

네 음경 구멍은 웃음이다
네 불알은 여명이다.

코리페아

이런, 가슴에서 피가 흐른다! 목구멍이 제대로 구르지 않고 죽음에 열린다…. 나는 쾌락의 음흉한 미소에 목숨을 내놓는다. 쾌락은 사람을 취하게 하는 돈의 냄새다. 죽음의 끈적거리는 드레스가 네 허리를 마지막으로 감싸게 하라.

1957년의 다섯 편의 시

나의 노래

나는 나의 존재로 하늘을 채운다
나의 외침은
새벽을 가르는
커다란 새의 외침이 아니다
나의 노래는
여름밤을 메우는 매미의 노래가 아니다
나의 탄식은
포격이 끝나고 남은 진공 속에서
죽어가는 자들의 탄식이 아니다
나의 탄식은 찢는다
나는 죽지 않는다 나는 아무것도 아니다
이 외침이 무엇인지 나는 모른다
이 외침은 구름을 연다
나는 웃지 않는다
나는 결코 울지 않는다
나는 울부짖는다

나는 하늘을 연다
죽어가는 사람의 목구멍을 열듯
나는 비 맞으며 우는
황소처럼
침착하다
나는 인간이 아니다
나는 소리친다
나는 웃음이 터진
벼락보다 어리석다
나는 사람들이 듣지 못할 정도로
귀가 먹먹한
소리를 내고 싶다

사랑의 라마르세예즈

벌거벗은 두 연인이 라마르세예즈를 부른다
피 흘리는 두 입맞춤이 그들의 심장을 깨문다
땅에 배를 대고 주저앉은 말들
죽은 기사들
버려진 마을
끝날 것 같지 않은 어둠 속에서

어린아이가 운다

갈색 왈츠

카멜레온이
아코디언을 든다
기타
줄이 끊어진다
찌꺼기로 가득 찬 결혼식
그리고 왈츠는
우리를 구하소서 노래에 죽는다

이것은 새로운 춤이다

당나귀들이
콜레라로 죽어갈 때
당나귀들의 오열은
과부의 오열이다
과부는
자신의 애인들을 생각한다

울어라 울어라

세상이 마침내 끝날 때까지

꿈꿔라 꿈꿔라

우리의 죽은 애인들을

오늘

울 시간은 없지만

내일은

세상의 모든 당나귀가

콜레라를 춤출 것이다

다나이드의 길

나의 갈보

나의 심장이여

나는 사람이 똥을 누듯이 너를 사랑한다

네 엉덩이를

번개에 둘러싸인 폭풍우에 담가라

벼락이 너를 범한다

성기가 부풀어 오른 밤에

광인이 수사슴처럼 울부짖는다

오 죽음이여 내가 개들이 잡아먹는

그 수사슴이다
죽음이 피를 사정한다

---

* 다나이드는 그리스 신화에 나오는 다나오스 왕의 딸들을 가리킨다. 남편들을 죽이고 지옥에서 밑 빠진 독에 물을 긷는 벌을 받았다. 이 시는 원고에서 제목을 지운 흔적이 있다.

회한의 부재

나는 눈 속에 똥이 있다
나는 심장에 똥이 있다
신이 흐른다
웃는다
빛난다
하늘을 취하게 한다
하늘은 목이 찢어져라 노래한다 하늘이 노래한다
벼락이 노래한다
마른 눈
심장에는 똥의 깨진 침묵

쾌락을 느끼는 귀두가 우주를 낳았다면, 자신처럼 우주를 만들 것이다. 투명한 하늘에 피, 비명, 악취가 있다.
신은 사제가 아니라 귀두다.
아빠는 귀두다.

나의 균열은
훌륭한 와인의 눈을 한 친구이다

나의 죄악은
훌륭한 입술을 한 여자 친구이다

나는 포도로 자위한다
사과로 똥을 닦는다

아세팔

오 사물이여
너에게는
내가 없구나

오 사물이여
너는
너도 없으려냐

너는
차분한 상상력이
거대하게 비어 있는 유령이냐

거짓 목소리로
유령은 선언한다

목소리를 듣는 자에게
불행 있으라

루이 30세의 무덤

조르주 바타유는 루이 30세, 트로프만, 로드 오슈, 피에르 앙젤리크, 디아누스 등 다양한 필명을 사용했다.

루이 30세의 무덤

찌꺼기
끔찍한 심장의 피로
신랄
악의 감미로운 친근함

네 눈 속 뒤바뀐 하늘.

★

바람의 무덤
강의 무덤

나의 가짜 죽음
나의 목소리는

고작 치통에만 닿을 뿐이다

작은 꽃이여

너도 알지 늙은 꽃이여
내가 얼마나 똥을
두려워하는지.

★

밤에는
갈라진 뒤로
하늘을 보라.

★

상처는 새롭다
모양이 변한다
피가 흐른다
찢긴 부위가 부푼다

눈이 없는
그것은 나다.

오라토리오

등장인물

내레이터
창녀 90세, 죽음을 앞두고 있다. (스무 살에는 숭배할 만큼 아름다웠다.) 벌거벗은 어느 날, 그녀는 「소돔 120일」에서 도쿠르가 뒤클로를 섬기듯 신을 섬겼다.
사제 30세.
신 일종의 두꺼운 책.

　내레이터가 등장인물을 불러 소개한다. 마땅한 의상도 장식도 없다. 무대는 창녀의 방이다.

　창녀: 하수구
　　난 하수구야
　　아!

＊ 오라토리오는 16세기 무렵 로마에서 시작된 종교 음악이다.

사제: 나, 사제는
 너의 소년이다
 죽어가면서
 내 귀를
 만져다오.
 오 내 성체의 빵
 내 하수구 어머니
 내가 당신을 거양하겠소

두꺼운 책: 나는 신이다
 사제여
 네 머리를 박아버리겠다
 너를 죽이겠다
 나는 머저리다.

책

나는 네 벌어진 곳에서 마신다
나는 네 벗은 다리를 늘어놓는다
나는 네 다리를 책처럼 펼친다
그곳에서 나를 죽이는 것을 읽는다.

명상

…명상을 시작했던 초기에 나는 갑자기 발기한 성기가 되었다는 느낌이 들면서 늘 그랬듯 마비 상태에 들어갔다. 그런 확신이 얼마나 강하게 들었는지, 아니라는 생각은 하지 못했다. 전날에도 나는 나무가 되었다는 느낌을 똑같이 강하게 받았다. 어쩔 수 없는 상태에서 내 두 팔은 어둠 속으로 나뭇가지처럼 뻗어나갔다. 꼿꼿이 선 거대한 성기(내 몸, 내 머리)가 되었다는 생각이 너무도 황당해서 나는 차라리 웃고 싶었다. 그렇게 단단하게 서면 (긴장한 몸 전체가 성기처럼 꼿꼿해진다) 사정하는 것 외에는 다른 해결책이 없다는 우스운 생각이 들었다. 게다가 몸이 얼마나 긴장했던지 나는 웃을 수도 없었다. 마치 사형당한 사람처럼 눈은 뒤집어져서 흰자가 드러나고, 머리는 뒤로 넘어가고, 입술은 한껏 벌어져 있는 것 같았다. 뜻밖의 이런 상태, 떠오르는 사진에 관한 기억은 나를 평소와는 달리 우울하게 만들지는 않았다. 공포의 분출, 빛의 분출이 내 몸을 아래에서 위로 훑었다. 고문이 주는 느낌보다 더 과한 것은 없다.

그 이후로 나는 이런 종류의 끔찍한 변화를 피했다. (내 안의 스캔들의 요소는 의도하지 않은 것이다. 그것은 항상 **나를 앞지른다**) 하지만 일 년 뒤, 막상 흥분한 상태에서(버텨야 했지만), 나는 내 방에서 옷을 다 벗어버렸다. 나는 서서 최악의 방탕한 장면을 상상했다. 나는 설명하기 힘든, 악몽에 가까운 고통스러운 상태가 되었다. 무기력과 분노가 뒤섞였다. 나는 벌거벗은 채 넓은 빈집으로 내려가서 화장실 변기에 앉았다. 똥을 누면 자유로워질 거라는 희망이 있었다. 나는 새빨개진 채 몸을 비비 꼬았다. 비명을 질렀을 수도 있다. 나는 다시 방으로 돌아왔지만 여자를 탐하는 흥분은 가라앉지 않았다. 결국 몸은 지난해처럼 다시 뻣뻣해졌다. 또다시 고문의 이미지가 나를 파괴했다. 나는 바닥에 쓰러졌다….

고통받지 않으려고 보내는 시간은 불행의 시간보다 헛되다. 사랑을 더 잘하는 사람에게 그건 서툰 시간이다. 어차피 고통이 깊다고 해서 목적을 달성할 수 있는 것도 아니고 그런 식으로 결과를 낼 수도 없다! 참된 고통은 우리에게 말한다. "나의 잔인함을 정당화할 목적이나 결과는 없다. 너에게는 아주 작은 희망도 가질 방법이 없다. 나는 나에게로만 이른다. 나는 조건 없이 너를 온전히 원한다." 그러나 솔직해져야 한다.

"고통이 욕망과 달리 고통이 아니었다면, 한계를 피하고 싶은 우리의 욕망에 화답했을 것이다. 바로 그런 이유로 고통의 힘 안에서는, 고통 아닌 모든 것은 헛돼 보인다."

나는 침묵의 빚을 받은 나를 상상했다. 말보다 더 큰, 무한한 고통….

나는 생각했다. '내 고통은 얼마나 잔인한지! 나보다 말 많은 사람이 있을까.'

죽음을 숨 쉬게 하는 고통…. 죽음은 마치 물이 섬을 감싸듯 끝없는 침묵으로 우리를 먼저 감싼다. 그런데 그것은 **형언할 수 없는** 것이다. 침묵을 지각하지 못하는 말은 중요하지 않다. 발화가 단어의 수준을 뛰어넘지 못하고 무엇도 아닐 때, '무덤의 순간'을 말하는 건 중요하지 않다.

말하는 것이 권태롭게 하는 상태에서 나는 끝까지 최선을 다했다.

언어의 파괴는 나의 행위가 아니다. 그것은 나를 없애버린 순간처럼, 오로지 나를 파괴함으로써만 내 안에서 일어난다. (지금 나는 말하고 있지만 헛되이 말할 뿐이다)

나는 **군주**를 위해 글을 쓰는가? 유용성의 가치에 양보함으로써 내가 미친다면, 공포의 순간은 '좋은 군주'의 도구이니, 편의를 위하여 나는 나의 소유인 주권을 교환한다(팔아 버린다). 더 이상 두렵지 않다.

그러나 지금 말하는 두려움은 욕망이자 공포다. 그것은 나를 두렵게 하는 대상(더 이상 존재하지 않는 것)에 대한 욕망이 내 무서움을 파고들어 가는 (증가시키는) 불안이다. 내가 두려운 이유에 동의한다면, 내가 '신'을 말한다면, 나는 더 이상 존재하지 않는 것에 대한 두려움이 극복되기를 바라는 주권을 양도할 것이다. 나는 유용한 것을 위할 것이다.(우회로를 통하여, 왜냐하면 유용한 것은 신을 섬기는 것이기 때문이다. **존재**의 초월적인 보증, 신을. 이 원칙에 복종하기. **존재**는 남는다. 즉 죽지 않는다.)

나는 죽음을 두려워하지 않을 수 없다. 마찬가지로 나는 더 이상 죽음을 예고하는 것, 죽음의 서광을 욕망하지 않을 수 없다.

나체, 오줌이 나오는 틈, 똥의 이웃과 죽음의 관계는 일출과 낮의 관계와 같다. '하찮은 죽음'의 예술은 매 순간 내 안에서 위대한 죽음의 공포를 예고한다. 신은 썩은 흙에서 그랬듯 나의 똥 같은 나체에서도 나를 **구원**하지 못한다.

벌거벗은 소녀의 넘치는 쾌락, 입속의 음경은 내게 최후의 밤을 위한 담보이다. 내가 만약 "우리는 무엇보다 오래

지속되어야 한다"고 말한다면, 나는 소녀를 처벌해야 할 것이다. 그러나 나는 그렇게 내 주권을 포기했다. (나는 무릎 꿇고 말할 것이다. "오, 신이시여!") 극단적 신앙심(우리가 **함께할** 수 있는, 생의 가능성에 끝까지 가기)에는 두 길이 있다. 하나는 노예의 길이고, 다른 하나는 군주의 길이다. 노예의 길은 즉각적인 실패가 아니지만, **종국**에 가서는 모든 가치, 신 자체를 유용성(즉 존재)에 종속시킨다. 군주의 길은 지치고 출구가 없다. 그 길은 다음을 가진다.

―두려움을 이기는, 불안 속 욕망.

―최고의 쾌락은 죽음에 대한 도전이라는 (기회가 **행복**을 가능하게 해주는) 인식.

―내가 추락하는 밤이 그 어디에서도, 그 어떤 방법으로도 보상될 수 없다는 생각. 그렇지 않다면, 나는 '가능'에 종속될 것이다. 그것은 나를 포기하는 대신 (나의 모습 그대로) 내 주권(낮에 떠오르는 태양을 보지 못할 밤)을 보상할 것이다.

편집 후기

1944년, 48세 때 조르주 바타유는 그의 생애에서 유일무이한 시집 『아르캉젤리크(L'Archangélique)』를 출간한다. 서른 즈음 처음 프랑스 문단에 나타난 그였으니 작가로서 꽤 오랜 시간이 흐르고 시집을 갖게 된 셈이 된다. 『아르캉젤리크』는 시기적으로도, 문학을 포함해서 여러 학문에 경계를 두지 않았던 바타유의 글쓰기 영역에서도, 마치 산문의 시대에 돌연 끼어든 좀 엉뚱한 사건이라고 볼 수도 있겠다.

그는 시를 영속(왠지 '지속'으로는 부족하다)하지는 않았던 것 같다. 그의 생애를 말해주는 기록들 중에서 시쓰기에 대한 흔적은 좀처럼 찾아보기 어렵다. 이것으로 입증되는 사실은 아마도 없을 것이다.

「무덤」, 「여명」, 「공허」로 이어지는 첫 대면에서, 왜 하나의 시가 한 호흡으로 이뤄지지 않는지 알지 못했다. 그것이 미처 퇴고되지 못한 시의 메모에서 기인하는 것인지, 바타유만이 느끼는 시적 의도인지 말이다. 분절된 듯 이어지는 긴 발화는 최소한의 것만을 귀 기울이고 펼쳐지는 듯하다.

예고 없이 등장하는 제목 없는 시들도 편집에 난항을 일으키는 요인이었다. 제목을 딘 시들이 근처에서 심란하게 서성이는 것 같았다. 낯선 이 불화는 의도인지, 바타유식으로 말해서 의도의 '부재'인 것인지. 그는 여전히 묘연했고 시는 그것이 존재 이유인 듯 끊임없이 고함을 질렀고 그럼에도 목소리는 명료했다. 마치 통점을 읊는 것 같았다. 이렇게 말해도 된다면, 아는 게 없는 것 같았다. 그건 그려지는 대상도 실체도 아니었다.

해결되지 않는 것은 해결되지 않은 채로 두었다. 중복되는 시구들도 종종 눈에 띄는데, 이것은 다시 의도니 의도가 아니니 하는 문제를 뛰어넘어서 더 이상 작가의 지휘하에 있는 것이 아니었다. 어딘가 맨 가장자리 있다는, 튀어나온 못 같은, 기분과는 다르게 붉어지는 뺨 같은, 그런 모호함으로 존재의 재회로 보았다. 그의 시는 그런 생각이 들게 한다.

어쩌면 이런 것일 수 있다. 원고를 둔 책상보다 식탁에서나 거리를 걷는 중에, 새벽에 너무 일찍 깨어나서 눈 뜨지 않고 아직 어둠 속에 있을 때 싸우고 있다는 게 더 잘 느껴졌다. 왜 그랬을까? 그의 작업이 지상에서 할 수 있는 '조금 더 나은 것'이라는 예감, 그리하여 조금은 더 나은 세상 속에서 산다는 것, 그가 온 생을 걸어서 향한 곳. 그건 이 책을 편집하는 내내 우리를 놓아주지 않았던 바타유라는 정령이 었을 것이다.

조르주 바타유(Georges Bataille, 1897-1962)는 프랑스 비용에서 태어나 1962년 7월 9일 파리에서 사망했다. 평생 사서로 일하면서 작가로 활동했다. 문학 작품뿐 아니라 인류학, 철학, 경제학, 사회학, 예술사 등 다양한 분야에 걸쳐 글을 쓴 그는 글쓰기 자체를 목적으로 삼지 않았고 자신의 다양한 경험을 기록하는 수단으로 글쓰기를 대했다. 그의 작품들은 신비주의와 에로티즘, 특히 죽음에 대한 환상을 다루었다. 초현실주의자들과 어울리면서 잡지 『도퀴망』을 창간했고, 몇 년 뒤에는 삶의 비극적이고 디오니소스적인 환희를 주요 테마로 삼은 잡지 『아세팔』을 창간했다. 무신론자를 자칭했지만 신성과 신비주의, 샤머니즘, 선불교 등에 관심이 많았다. 자전적 요소가 많은 그의 글들에서 그가 탐구했던 신성, 황홀경, 죽음에 대한 공포와 환희를 엿볼 수 있다. 지식인들 사이에서는 높은 평가를 받는 그의 글들은 대중적으로는 제대로 알려지지 않았고 난해함 때문에 독자도 많지 않다. 저서로 『태양의 항문』, 『작은 것』, '무신학 전서' 3부작 『내적 체험』, 『죄인』, 『니체에 관하여』와 『저주의 몫』, 『에로티즘』, 『눈 이야기』, 『불가능』, 『하늘의 푸른빛』, 『종교이론』 등이 있다.

옮긴이 권지현은 한국외국어대학교 통역번역대학원 한불과를 나온 뒤 파리 통역번역대학원(ESIT) 번역부 특별과정과 동 대학원 박사과정을 졸업했다. 현재 이화여자대학교 통역번역대학원에서 강의를 하고 있다. 옮긴 책으로 『르몽드 세계사』, 『경제학자들은 왜 싸우는가』, 『검열에 관한 검은 책』, 『마지막 나무가 사라진 후에야』, 『그것은 참호전이었다 1914-1918』 등이 있으며, 『가장 작은 거인과 가장 큰 난쟁이』, 『아나톨의 작은 냄비』, 『레몬트리의 정원』 등과 같은 외국의 좋은 그림책을 보물찾기 하듯 직접 찾아내 번역하기도 했다.

조르주 바타유
아르캉젤리크
권지현 옮김

초판 1쇄 발행 2020년 2월 5일
펴낸곳 미행 | 출판등록 제25100-2019-000036호
주소 서울시 노원구 동일로207길 50 북부여성창업보육센터 211호
전화 070-4045-7249 | 메일 mihaenghouse@gmail.com
인쇄 제책 (주)상지사피앤비
ISBN 979-11-967836-1-7 03860

이 도서의 국립중앙도서관 출판예정도서목록(CIP)은 서지정보유통지원시스템
홈페이지(http://seoji.nl.go.kr)와 국가자료공동목록시스템(http://www.nl.go.kr/
kolisnet)에서 이용하실 수 있습니다. (CIP제어번호: CIP2020001132)